CATALOGUE

D'UNE

COLLECTION D'ESTAMPES

ANCIENNES & MODERNES

PRINCIPALEMENT DE L'ÉCOLE FRANÇAISE
DU XVIIIe SIÈCLE

RECUEILS DE GRAVURES - LIVRES A FIGURES

ESTAMPES EN LOTS

Dont la vente aux enchères publiques aura lieu

HOTEL DES COMMISSAIRES-PRISEURS, Rue Drouot, n° 9

SALLE N° 8

LE VENDREDI 25 NOVEMBRE 1898

à 2 heures précises

PAR LE MINISTÈRE DE :

Me MAURICE DELESTRE, Commissaire-Priseur
5, rue St-Georges.

Assisté de M. LOYS DELTEIL, artiste graveur, expert,
19, Rue St-Augustin.

PARIS 1898

CATALOGUE

D'UNE

COLLECTION D'ESTAMPES

ANCIENNES & MODERNES

PRINCIPALEMENT DE L'ÉCOLE FRANÇAISE
DU XVIIIe SIÈCLE

RECUEILS DE GRAVURES - LIVRES A FIGURES

ESTAMPES EN LOTS

Dont la vente aux enchères publiques aura lieu

HOTEL DES COMMISSAIRES-PRISEURS, Rue Drouot, n° 9

SALLE N° 8

LE VENDREDI 25 NOVEMBRE 1898

à 2 heures précises

PAR LE MINISTÈRE DE :

Me MAURICE DELESTRE, Commissaire-Priseur
5, rue St-Georges.

Assisté de M. LOYS DELTEIL, artiste graveur, expert,
19, Rue St-Augustin.

PARIS 1898

CONDITIONS DE LA VENTE

Elle sera faite au comptant.

Les acquéreurs paieront *cinq pour cent* en sus des adjudications.

M. Loys Delteil, chargé de la vente, remplira les commissions que voudront bien lui confier les personnes ne pouvant y assister.

MM. les amateurs pourront visiter la collection des *pièces isolées*, 19, rue Saint-Augustin, du jeudi 16 novembre au jeudi 24, de 9 heures à midi.

DÉSIGNATION

ESTAMPES

Adresse.

1 — *Au Microscope, Letellier, ingénieur en Optique, Quay des Augustins,* gravé par J. Le Roy, 1767. Très belle épreuve.

Allais (Mme).

2 — Viala (Agricola). Ovale petit in-fol. Très belle épreuve imprimée en couleurs, avec marges

Anonyme

3 — Le Passage du ruisseau, d'après Touzé? In-fol. Très belle et rare épreuve avant toutes lettres.

bis— Marie-Thérèse Charlotte. Fille de Louis XVI. Ovale in-8, signé *S. des M...z.* Très belle épreuve imprimée en bistre. Rare.

Baléchou (J. J.)

4 — Loizerolle (Mlle), sœur de Mme Aved, d'après Aved. Très belle épreuve.

Ballons (Pièce sur les)

5 — La Quatorzième expérience aérostatique de M. Blanchard, faite à Lille le 26 août 1785, gravée par Helman, d'après L. Watteau. In-fol. Très belle épreuve à grandes marges.

Baudouin (d'après P. A.)

6 — Les Amants surpris, par P.-P. Choffard. Belle épreuve.

7 — Le Chemin de la fortune, par Voyez l'aîné (E. B., 14). Belle épreuve.

8 — Le Coucher de la Mariée, par Moreau le jeune et Simonet (E. B., 16). Belle épreuve.

9 — L'Epouse indiscrète (21). — La Sentinelle en défaut (44). Deux pièces par N. De Launay. Très belles épreuves du tirage postérieur.

10 — Les Soins tardifs, par N. De Launay. Très belle épreuve, amincie dans le haut à droite.

Bartolozzi (F.)

bis— Angélique et Médor, d'après Cipriani. Petit in-fol. Belle épreuve imprimée en couleurs ; quelques cassures.

Beham (H. S.)

11 — La Bonne Fortune (B., 140).— La Fortune contraire (141). Deux très belles et rares épreuves du 1er état.

Benwell (d'après J. H.)

12 — The Children in the Wood, par Sharp, Byrne et Medland, 1786. Ovale petit in-fol. Très belle épeuve à grandes marges.

Bervic et Desnoyers.

13 — L'Enlèvement de Déjanire, d'après Le Guide. — L'Innocence, d'après Mérimée. — Bélisaire, d'après Gérard. Quatre pièces in-fol. Belles épreuves.

Blanche (J. E.)

14 — Le Thé. Lith. in-fol. Très belle épreuve imprimée en bistre, signée.

Boilly (d'après L.)

15 — L'Amant favorisé, par Chaponnier. Très belle épreuve.

16 — Ça ira, par Mathias. Très belle épreuve avec marges.

17 — La Douce résistance, par Tresca. Très belle épreuve.

18 — On la tire aujourd'hui, par Tresca. Très belle épreuve.

19 — *Que n'y est-il encore !* par Petit. In-fol. Très belle épreuve avant la lettre.

Boîtes (dessus de)

20 — Sujets gracieux. Deux pièces contenant onze motifs. Très belles épreuves coloriées, à grandes marges.

Bonnet (L. Marin)

21 — The Charmes of the Morning. — Tête de jeune Femme, la gorge découverte. Deux pièces. Anciennes épreuves imprimées en couleurs avec rehauts d'or.

Borel (d'après A.)

22 — L'Innocence en danger (scène de la *Paysanne pervertie*), par F. Huot. Très belle épreuve avant la dédicace, à grandes marges.

Boucher (F.)

23 — La petite Reposée (P. de B. 13). Très belle et rare épreuve d'un 1er état *non décrit,* avant la lettre.

Boucher (d'après F.)

24 — Les Présents du Berger, par Lempereur. Belle épreuve, avant toutes lettres, non terminée.

25 — Le Pêcheur.— Le Souffleur. Deux pièces, par Cl. Duflos. Très belles épreuves à grandes marges.

26 — Les Éléments, par J. Daullé. Suite de quatre pièces dont nous ne possédons que trois (manque le *Feu*). Très belles épreuves.

27 — La Baigneuse surprise. — Les Plaisirs de l'Été. — La Musique pastorale. — L'Agréable leçon, etc. Sept pièces par Daullé, Gaillard et Huquier. Belles épreuves.

28 — La Naissance de Vénus. — La Poésie épique. — La Poésie lyrique. — Pensent-ils à ce mouton ? — Femme au bain.— Croquis, d'après Watteau.— Hommage champêtre. Huit pièces, par Boucher, Duflos, Fessard et Le Bas.

Bouilliard (J.)

29 — F. Bartolozzi, graveur, d'après P. Violet. In-fol. Très belle épreuve à toutes marges.

Bracquemond (F.)

30 — Le Corbeau. — Le Retour au logis. — La Pépie.— Vanneaux et Sarcelles. — Les Demoiselles de village, d'après Courbet. — L'Arabe et la pie, d'apr. Gérôme. — Métairie, d'après Rousseau. Sept pièces. Belles épreuves, la plupart sur chine, une avant la lettre sur japon.

Buhot (Félix)

31 — Le Fiacre aux amours. — Un grain à Trouville. Deux pièces. Très belles épreuves.

32 — Une Matinée d'hiver au quai de l'Hôtel-Dieu. Deux belles épreuves à grandes marges.

Bunbury (d'après W. H.)

33 — The Water sprite, par Isaac Taylor, 1798. In-fol. Très belle épreuve imprimée en bistre.

Burney (E.)

34 — Félicien Rops, 1887. In-8. Très belle épreuve sur chine, à toutes marges.

Callot (Jacques)

35 — La Tentation de Saint-Antoine (M., 139). Belle épreuve avec marges.

36 — Le Massacre des Innocents. — Les Supplices. — La Grande Chasse. — Armoiries de Lorraine. — Misères de la Guerre, etc. — Dix-sept pièces. Bonnes épreuves.

Caricatures.

37 — Islands, vente en gros et détail.— Un Rapport imprévu à John Bull. — John Bull et sa favorite statue de bronze! 1802. Trois pièces publiées à Londres. Très belles épreuves coloriées.

38 — Promenade au Palais-Royal (Cambacérès et ses deux amis.— La Girouette politique et littéraire. — Le Phénix renaissant de ses cendres. — Ne me pourrez-vous pas rendre l'Activité? Quatre pièces. Très belles épreuves caloriées.

39 — L'Aspirant. — L'Aspirante. — L'Aspirant civil. — L'Aspirant chez son tailleur. — Il m'en manque. — Le Gobe-mouches. Six pièces. Très belles épreuves coloriées.

40 — Caricatures sur la Musique et la Danse, représentées avec des scènes d'animaux. Six lithographies publiées par Martinet. Très belles gravures coloriées.

Carmontelle d'après (L. C. de)

41 — La malheureuse Famille Calas, par Delafosse. In-fol. Très belle épreuve avec marges.

Charon.

42 — Baisez vite. Très belle épreuve en couleurs, à toutes marges. Rare.

Chasse (Estampes sur la)

43 — Sujets de chasse. Seize lithographies par F. Grenier. Belles épreuves sur teinte.

Chedel.

44 — Divers Paysages dédiés à la Marquise de Pompadour. Suite de dix pièces in-8. Très belles épreuves à grandes marges.

Claessens (L. A.)

45 — *Aspettare ex*, d'après L.-B. Coclers. Petit-inf. Très belle épreuve avec la lettre grise, à toutes marges.

Colson (d'après)?

46 — Jeune Femme lisant. Petit in-fol. Belle épreuve avant toutes lettres.

Dachery.

47 — Uniformes de tous les Régiments de Hussards (de la 1re République au second Empire). — Paris, L. Pillet, 1889. Suite complète de 50 planches coloriées dans le cartonnage de pubication.

Daubigny (C. F.)

48 — Un Cochon de propriétaire. — Petits oiseaux. — Clair de lune à Valmondois. — Le Guet du chien. -- Paysages. Dix pièces, y compris deux doubles. Très belles épreuves, la plupart sur Chine.

Daullé (Jean)

49 — Saint-Simon (Cl. de), d'après H. Rigaud. In-fol. Superbe épreuve avec marges, avant la date

Daullé et Gaillard

50 — Chartres (L.-P. d'Orléans, duc de), d'après Belle. — Castanier (F.), d'apr. H. Rigaud. Deux portraits in-fol. Très belles épreuves.

Debucourt (P. L.)

51 — Louis XVIII en pied, d'après Béra. In-fol. Très belle épreuve à grandes marges.

52 — Rempailleur de chaises, d'après C. Vernet. Très belle épreuve imprimée en couleurs, à toutes marges.

53 — Dragon et Lancier de la Garde Royale Française. — Grenadier et Tambour de la Garde Nationale Parisienne. — Le Cosaque galant. — Cosaques au bivouac. — Tambours Russe et Anglais. — Militaires de la Garde Impériale Russe et Allemande. — Les Anglais à Paris. — Artilleur et Chasseur Anglais. — Militaires Anglais. — Militaires Ecossais. — Famille Ecossaise. — Officiers Prussiens. Douze pièces d'après Carle Vernet. Très belles épreuves imprimées en couleurs, à toutes marges.

Delaulne (Etienne)

54 — Moïse montrant au peuple le serpent d'airain, d'après J. Cousin (R.D., 61). Belle épreuve du 1er état d'une pièce de la plus grande rareté ; elle manque de conservation.

55 — Histoire de la Genèse, 33 pièces (sur 36).— Combats et Triomphes, 3 p.; en tout 36 pièces.

Demarteau et Lucien

56 — Tête de Femme, d'après Boucher.— Les petits Jardiniers, d'après Clermont, deux pièces se faisant pendant. En tout trois pièces. Très belles épreuves imprimées en sanguine, avec marges.

Desbrosses (L.)

57 — Le vieux Pont.— Clair de lune. Deux pièces in-fol. Très belles épreuves sur chine, avant toutes lettres, à toutes marges.

58 — Un vieux Verger. In-fol. Deux très belles épreuves sur chine, dont une avant la lettre.

59 — Paysage du Tyrol, d'après Corot. In-fol. Deux très belles épreuves d'artiste sur japon, dont une rare, avec les deux baigneuses.

Desrais (d'après)

60 — Viala (Agricola), par Pitou. Ovale in-4°. Très belle épreuve coloriée.

Drevet Pierre

61 — Louis XIV, d'après H. Rigaud. 1704. In-fol. Belle épreuve avec la date. Rare.

62 — Rigaud (Hyacinthe), d'après lui-même. Belle épreuve avant la correction au mot *Quod*.

Drevet (P. I.)

63 — Sainte-Marthe (Denis de), d'après Cazes. Très belle épreuve.

Durer (A.)

64 — Jésus au Jardin des Oliviers. — Le Christ à la Colonne. — Le Christ aux Enfers. Trois pièces de la Passion. Très belles épreuves.

Durer (A.)

65 — Saint-Jérôme en pénitence (B., 61). Très belle épreuve du 1er état.

66 — L'Hôtesse et le Cuisinier (B., 84). In-8. Belle épreuve d'une pièce rare ; restaurée.

bis — Le Paysan de marché (B. 89). Très belle épreuve.

67 — Albert de Mayence, vu de profil (B. 103). Belle épreuve.

Dutailly (d'après)

68 — On doit à sa Patrie le sacrifice de ses plus chères affections, par Coqueret. Très belle épreuve imprimée en couleurs, avec de légères restaurations.

Dyck (d'après Ant. van)

69 — Mallery (Charles de). — Milder (Jean van). — Vos (Simon de). Trois pièces par Pontius et Vorsterman. Belles et rares épreuves avec l'adresse du *Mart. van den Enden.*

70 — Callot (J.). — Cornelissen. — Del Mont (D.). — Dyck (V. van). — Eyden (H. van der). — Galle (Th.). — Hondius (G.). — Mallery (Ch. de). — Moncade. — Sachtleven (C.). Vanlon (Th.). Douze pièces gravées par Hondius, Pontius et Vorsterman. Belles épreuves.

Eaux-fortes modernes.

71 — Thiers. — Gambetta. — Léon Cogniet. — Les deux Chiens. — Tigre couché. — Arabes d'Oran. — Paysage, etc. Douze pièces par Bonnat, Delacroix, Decamps et Saint-Marcel. Bonnes épreuves.

72 — Les Baigneuses. — Environs de Caen. — Le Héron. — Paysages. Douze pièces par Bresdin, Hervier, Huet et Jongkind. Belles épreuves, plusieurs sur chine.

Edelinck (G.)

73 — Chauveau (Fr.) (166). — Miramion (Mme de) (275). — Nanteuil (R.) (282). — Perrault (Ch.) (292). — Savary (J.) (314). Cinq pièces. Belles épreuves.

74 — Silvestre (Israël), d'après Le Brun (R. D., 319). Belle épreuve.

Edelinck et Van Schuppen

75 — Le Brun (Ch.), d'après Largillière (R. D., 238. — Montarsis (P. de), d'apr. Coypel. — Meulen (F. van der), d'apr. Largillière. Trois portraits in-fol. Très belles épreuves.

Eisen (d'après Ch.)

76 — La Vertu sous la garde de la fidélité, par Le Beau. Très belle épreuve.

77 — *Concert Méchanique Inventé par R^t Richard*, gravé par De Longueil, 1769. Deux très belles épreuves à toutes marges, dont une avec le *lustre*.

Ficquet. (Et.)

78 — La Mothe-Levayer, d'après Nanteuil (F. 84). Très belle épreuve avant les noms des artistes.

Fragonard (H.)

79 — Bacchanale, bas-relief. Belle épreuve.

Fragonard d'après H .

80 — La Cachette découverte, par R. de Launay. Très belle épreuve avant les vers, avec marges.

Freudeberg (d'après S.)

81 — La Complaisance maternelle, par N. de Launay. Très belle épreuve avant la dédicace, la tablette blanche, à grandes marges ; légèrement plissée. Rare. On y a joint une épreuve avec la dédicace. Deux pièces.

Gavarni.

82 — Son Portrait par lui-même.— Mélingue.— Henri Monnier (2 p^ts différents). Six pièces. Très belles épreuves sur chine ; le portrait de Mélingue est avant la *moustache*.

83 — Les Toquades. Suite complète de 20 planches. Très belles épreuves avant la lettre, sur chine, dans leur couverture de publication. Rare.

84 — La Sculpture monumentale.—Gulnare.—Ita.—Fleurs d'Orient (3 états).— Chicard.— La Prière.— Méditation. — Titres de romances. Vingt-sept pièces. Très belles épreuves, la plupart sur chine, quelques-unes avant la lettre.

Gellée (Claude)

85 — Le Départ pour les champs (R. D. 16). — Mercure et Argus (R. D. 17, 1er état). — L'Enlèvement d'Europe (22, 3e état). Trois pièces. Belles épreuves.

Gérard (d'après Mlle)

86 — L'Eleve intéressante, par Tassaert. In-fol. Très belle épreuve.

Groux (H.de) et De Feure.

87 — Les Vendanges ! La Vigne abandonnée, lithographie avec texte de Léon Bloy, sous couverture illustrée. — L'Infini. — Surprises ! — Ensemble trois pièces. — Très belles épreuves, signées.

Henriquel-Dupont.

88 — Orléans (Mme la duchesse d'). in-4°. Très belle épreuve sur chine, avant la lettre, signée au crayon par le graveur.

89 — Sauvageot (Ch.), 1852. Très belle épreuve avant la lettre, imprimée en bistre.

Hermann-Paul et Vallotton.

90 — Bourgeoisie. — Masques. Quatre pièces. Très belles épreuves.

Hervier (A.)

91 — Le Marché en plein vent. — Barques de pêcheurs. Deux lithographies. Très belles épreuves avant la lettre sur chine, à toutes marges.

Hoin (d'après C.)

92 — La Tendre Amitié. — L'Ecueil de la Sagesse. Deux pièces par De Monchy. Belles épreuves avec marges.

Houbraken (J.)

93 — Cattenburg (Adr. à). — Goeree (J.). — Graauwhart (H.). Haes (F. de). — Hennebo (R.). — Hildebrand (J.). — Hoogstratan. — Hoogvliet. — Houbraken. — Huydecoper. — Laan (N. vander). — Le Long (Isaac). — Rabus (P.). — Struyck (N.). — Wesselius (J.). Seize pièces. Très belles épreuves, deux sont avant la lettre.

Huet (d'après J. B.)

94 — Ruine de l'entrée du Colisée, près de Rome. — Ruine d'un Palais de Néron, près de Rome. Deux pièces se faisant pendant, par Demarteau. Epreuves anciennes imprimées en couleurs.

Isabey (d'après J.)

95 — Dugazon (Mme), par Monsaldy. Ovale in-4°. Belle épreuve imprimée en couleurs, à grandes marges.

Jacque (Charles)

96 — Paysages. Dix-huit pièces. Très belles épreuves, la plupart sur chine.

97 — Scènes de genre.— Paysages.— Animaux. 24 pièces.

Jean (à Paris chez)

98 — Bonaparte. — L'Impératrice Joséphine. Trois pièces. Belles épreuves coloriées, une en double.

Kidd (d'après W.)

99 — *The Poacher detected*, par T. Lupton, 1826. Manière noire in-fol. Très belle épreuve. Rare.

La Joue (d'après)

100 — La Musique. — La Peinture. — L'Optique. — La Botanique.— La Pharmacie.— La Marine. — La Géographie. Les Forces mouvantes.— L'Eloquence, par C.-N. Cochin, Ingram et Tardieu.— Neuf pièces.— Belles épreuves.

Lavreince (d'après N.)

101 — L'Assemblée au concert, par Dequevauviller (E.B.5). Très belle épreuve à grandes marges, légèrement plissée.

102 — L'Assemblée au Salon (6), par Dequevauviller. Très belle épreuve à grandes marges.

103 — L'Assemblée au concert. — L'Assemblée au Salon. Deux pièces. Bonnes épreuves.

104 — La Balançoire mystérieuse, par Vidal (9). Belle épreuve avant la lettre, manquant de conservation.

105 — Le Billet doux, par N. de Launay (E. B. 10). Belle épreuve avec marges.

106 — Qu'en dit l'abbé ? par N. De Launay (51). Belle épreuve avant que : Graveur *du* Roi..., ait été changé en : Graveur *des* Rois... Rare.

Le Beau

107 Elisabeth de France, sœur du Dauphin, d'après Fontaine, deux portraits différents. Très belles épreuves avant le n°, à grandes marges.

Legrand (Louis.)

108 — Le Retour des Champs. Aqua-teinte in-fol. Très belle épreuve avec la remarque, signée de l'artiste; à toutes marges.

Legros (Alph.)

109 — Le Réfectoire (P. M. et T. 55). — La Mort et le Bûcheron (142). — L'Incendie (143). Quatre pièces. Belles épreuves à grandes marges, deux avant la lettre.

Lépicié (B.)

110 — Orry (Phil.), d'après H. Rigaud. — Richer de Roddes, d'après La Tour. — Watteau (Ant.), d'après lui-même. Trois pièces. Très belles épreuves.

. Lespinasse (d'après le Chevr. de)

111 — Vue du Palais-Royal, des Galeries et du Jardin, par Varin frères. In-fol. Belle épreuve avant la dédicace.

Lunois (A.)

112 — Jeune Femme turque assise. Lithographie. Très belle épreuve imprimée en couleurs, signée.

113 — Les Lavandières, d'après H. Daumier. In-fol. Très belle épreuve d'artiste, signée, sur japon.

Manet (Edouard)

114 — Mort de Maximilien à Queretaro (H. B. 56). In-fol. Très belle épreuve sur chine à grandes marges.

115 — La Barricade (57). In-fol. Très belle épreuve sur chine, à toutes marges.

116 — Les Courses (59). In-fol. Très belle épreuve sur chine, à toutes marges.

117 — Le Corbeau, poëme par Edgar Poe, traduction de Stephane Mallarmé, avec illustrations par Edmond Manet. *Paris, Lesclide*, 1875, in-fol. Exemplaire n° 8 (incomplet du titre illustré) en doubles épreuves sur chine et Hollande, taché d'humidité. En tout dix lithographies.

Martinet (chez)

118 — Les Passions : Pl. 5, Lord-ible déclarant son amour à Làdy-forme. — Pl. 6, Lord-gueil s'unit à Lady-scorde. Deux pièces. Très belles épreuves coloriées, à toutes marges.

Masson (Ant.)

119 — Dupuis (Pierre), d'après N. Mignard (R. D. 25). Très belle épreuve, doublée.

120 — Le Nôtre (André), d'après C. Maratte (55). Belle épreuve avec marges.

121 — Charles Patin (R. D. 60). Très belle épreuve.

Maufra (M.)

122 — En Bretagne, texte par Babin, couverture d'Eugène Delatre. Deux pièces sous couverture gravée et imprimée en couleurs. Exemplaire n° 13; tiré à petit nombre.

Meissonier (E.)

123 Monsieur Polichinelle, tourné à gauche (H. B. 18). Belle épreuve.

Merson (L. Olivier)

124 — L'Enfant prodigue. (L'Estampe murale). Lith. grand in-fol. Trés belle épreuve.

Millet (J. F.)

125 — Femme faisant manger son enfant, 1861. Belle épreuve sur chine.

Mongin (d'après)

126 — Ah! ah! je vous y prends, par Beljambe. Petite pièce ovale. Très belle épreuve en couleurs, sous passe-partout ovale.

Monnier (Henry)

127 — Récréations, pl. 1 à 5. — Distractions, 2 pl. — Impressions de Voyage, pl. 2, 4, 5, 6. — Les Gens sans façon, pl. 2, 3. En tout quatorze pièces. Très belles épreuves coloriées.

Moreau le jeune (J. M.)

128 — La Borde (J.-B. de), d'après Denon (M. 49). Superbe épreuve à toutes marges.

Moreau-Mélaton (E.)

129 — La Religieuse et la Vieille. Lith., in-fol. Très belle épreuve sur papier gris, signée.

Morin (Jean)

130 — Louis XI, roi de France (R. D. 63). Très belle épreuve.

131 — Charles de Valois, d'après Ph. de Champaigne (R.D.81). Très belle épreuve avec marges.

132 — Vitré (Ant.), d'après Ph. de Champaigne (R. D. 88). Très belle épreuve.

•Morland (d'après H.)

133 — The Beauty Ulnmask'd, par P. Dawe. In-fol. Très belle épreuve coloriée. Rare.

Nanteuil (Robert)

134 — Bosquet (Fr.) (R. D. 44, 2e état). — Coislin (P.-A. de Cambout de) (69, 1er état). — Nemours (Henri de Savoie, duc de) (199). — Lionne (J.-P. de) (147, 1er état). Quatre pièces. Belles épreuves.

135 — Le Camus (Jean) (R. D. App. 4). Portrait grandeur nature. Très belle épreuve.

bis — Beaumanoir de Lavardin (Ph.-Em. de (R. D. 35). Très belle et rare épreuve du 1er état.

ter (1)— Clermont-Tonnerre (F. de), 1655 (68). Très belle et rare épreuve du 1er état.

ter (2)— Hesselin (Louis), 109). Deux belles épreuves, une avec le cadre d'ornements.

ter (3)— Hesselin (Louis), 1658 (R. D. 110). Très belle épreuve du 1er état.

ter (4)— Neufville (F. de) (R. D. 203). Très belle épreuve du 2e état.

Nielle ?

136 — Jésus prêchant, toute petite pièce ronde. Belle épreuve, très rare.

Noble (George)

137 — Maternal Instruction, d'après Borckhardt, 1790. Ovale in-fol. Belle épreuve.

Ostade (A. van)

138 — La Fête sous la treille (B. 47). Très belle épreuve.

Phillips (G. H.)

139 — The Lily, d'après E.-T. Parris. In-fol. 1833. Très belle épr.

Pillement (d'après J.)

140 — Les Quatre heures du Jour, par Canot et Elliot. Suite de quatre pièces in-fol. Très belles épreuves.

Portraits.

141 — Bourgoin (Mlle). — Joly (Marie-Elisabeth). — Lescot (Mlle). — Villeneuve Vence (Julie de), petite-fille de Mme de Sévigné. Quatre pièces par Bertonnier, Langlois, Le Beau et Romanet. Très belles épreuves.

142 — Wagner et Liszt. — Hugo (Victor). — Gambetta. — Grévy. — Reichenberg (Suzanne). — Saint-Germain. Sept pièces par Eug. Abot. Très belles épreuves, cinq avant la lettre.

143 — Femmes : Camargo, Clairon, Adr. Lecouvreur, Mme de Warens, etc. Dix pièces par Gervais et Leguay. Très belles épreuves sur chine, à toutes marges.

144 — Portraits d'hommes, gravés au physionotrace par Bouchardy, Chrétien et Quenedey. Quatorze pièces. Belles épreuves.

Raffet.

145 — Le Réveil. — Charge de Hussards républicains.— Diligence Laffitte et Caillard. — La Revue. — Moscowa, etc. Treize pièces. Bonnes épreuves.

Rajon (P.)

146 — Lady Crewe, d'après Humphrey. In-12. Très belle épreuve avant toutes lettres, sur chine volant.

147 — Joachim, violoniste, d'après Watts. In-fol. Belle épreuve avant toutes lettres, avec remarques.

148 — Marine, d'après Turner. — Rév. James Martineau, d'après Watts. — Mme Pasca, d'après Bonnat.— Portraits. Treize pièces. Très belles épreuves d'artiste, plusieurs doubles en états différents.

Raphaël et Rubens (d'après)

149 — Les Planètes, par Fontana, Bonato, Bettellini, etc., suite de sept pièces. — La Vie de Marie de Médicis, par Audran, Duchange, etc., neuf pièces. En tout seize pièces in-fol. Belles épreuves.

Rembrandt van Ryn.

150 — Jésus chassant les vendeurs du Temple (B. 69). Très belle épreuve du 1er état.

151 — Vieillard portant la main à son bonnet (B. 259). Très belle épreuve du 3e état, la planche terminée par Schmidt, rare.

152 — L'Ange quittant la famille de Tobie.— La présentation au Temple. — La Vierge au chat. — Le Denier de César. La Résurrection de Lazare. — La faiseuse de koucks. — Haaring le fils. Sept pièces. Bonnes épreuves.

Rigaud (d'après H.)

153 — Delamet (L.).— Fourcy (Balth. de).— Léonard (Fréd.). — Secousse (J.-L.). Quatre pièces par Drevet, Edelinck et Loir. Belles épreuves.

154 — Cotte (R. de). — Hozier (Ch. d'). — Nemours (Marie, duchesse de).— Pardaillan de Gondrin (L.-A. de).— Serre (Maria). — Rigaud (H.). — Titon (M.). Sept portraits in-folio, par Drevet, Edelinck et Tardieu. Belles épreuves.

Roger (B.)

155 — Marie-Antoinette, en pied, d'après Roslin, Grand in-fol Très belle épreuve de la réimpression.

Rops (F.)

156 — Médecine expérimentale, pièce libre. Deux très belles épreuves, dont une de la planche rayée.

Rubens (d'après P. P.)

157 — Paysages. Onze pièces in-fol., gravées par Bolswert, Browne, Clouet, Garreau et Visscher. Belles épreuves.

Sadler(d'après W. Dendy)

158 — Coquetterie? In-fol. Très belle épreuve avant toutes lettres, sur japon.

Saint-Marcel (Edme.)

159 — Garde-chasse assis (Pt de G. Jadin), d'après Decamps (L. Delteil, 12). In-8. Très belle épreuve d'une pièce très rare.

Schiavonetti (L.)

160 — Les Adieux de Louis XVI à sa Famille, d'apr. Benazech, 1794. In-fol. Très belle épreuve imprimée en bistre.

Schmidt (G. F.)

161 — Mme Schmidt, en couseuse. In-8. Très belle épreuve avec marge.

bis — Silva (.J-B.), d'après H. Rigaud. In-fol. Très belle épreuve.

Smith (J. R.)

ter — The Tobacco box, d'après Walton. 1785. In-fol. Belle épreuve imprimée en bistre.

Strange (Robert)

ter (2) — Charles Ier et Henriette de France, en pied. Deux pièces d'apr. van Dyck. In-fol. Très belles épreuves; une petite écorchure sur la joue d'Henriette de France.

Stubbs (chez G. T.)

162 — *The Motto*, 1785. Ovale in-4°. Très belle épreuve imprimée en bistre, à grandes marges.

Suyderhoëf (Jonas)

bis — L'Assemblée des plénipotentiaires ratifiant le traité de paix de Munster, d'après G. Terburg (W. 103). Très belle épreuve.

Swebach

163 — *Encyclopédie pittoresque ou Suite de Compositions, Caprices et Etudes*... 1er, 2e et 3e cahiers, quatre-vingt-dix pièces. Belles épreuves à toutes marges.

Téniers (d'après D.)

164 — La Basse-Cour. — Environs d'Anvers. — Retour de Guinguette. — La Boudinière. — Le Benedicite. — Les Fumeurs Hollandais. Six pièces par Canot, F. Pedro et Le Bas. Belles épreuves.

Thomas.

165 — Scènes romaines et vues de Rome. Soixante-deux lithographies coloriées.

Thornley (G. W.)

166 — Le Derby à Epsom, d'après Géricault. In-fol. Très belle épreuve avant toutes lettres, avec remarque, sur japon, signée.

167 — La même pièce. Très belle épreuve sur chine, à toutes marges.

Thouvenin.

168 — L'Amour enchaîné par les Grâces. — Les Grâces enchaînées par l'Amour. Deux pièces se faisant pendant, d'après T. G. P. Très belles épreuves en couleurs.

Toulouse-Lautrec.

169 — Le Procès Arton. — Au Café. Quatre lithographies. Très belles épreuves.

170 Au Théâtre. — Au Concert. — Modiste. — Quatre lithographies. Très belles épreuves, une imprimée en couleurs.

Vernet (d'après J.)

171 — Départ de la chaloupe. — La Nuit. — Les Italiennes laborieuses. — Vue d'un Port. — L'Onde tranquille. — Le Naufrage. Sept pièces in-fol., par Aliamet, Aveline, Coulet et Le Veau. Très belles épreuves, une à l'eau-forte pure, une autre avant la lettre.

Vernet (d'après C.)

172 — Les Ennuyés chez eux (Intérieur du Café Procope), par Coqueret. Très belle épreuve, coloriée.

173 Chevaux au pré, par Coqueret. In-fol. Très belle épreuve à grandes marges.

Vernet (d'après H.)

174 — Histoire de Louis XIV et de Mlle de La Vallière. Suite complète de huit pièces par Levachez, Ruotte, Chaponnier, etc. Très belles épreuves imprimées en couleurs.

Visscher (Jean de)

bis — Hulst (Abr. vander), amiral Hollandais. In-fol. Très belle épreuve.

Vorsterman (Lucas)

ter — Lanier (Nic.), d'ap. J. Livens. Très belle épreuve.

Waltner (Ch. Alb.)

175 — Portrait de Waltner, gravé par lui-même d'après Lecomte-Dunouy, 1865. In-4°. Très belle épreuve sur chine d'une pièce très rare, *non décrite* par H. Béraldi.

Watteau (Ant.)

176 — Figures de Modes. Trois pièces. Très belles épreuves à grandes marges.

Watteau (d'après Ant.)

177 — Voulez-vous triompher des Belles..., par Thomassin. Très belle épreuve.

Westall (d'après R.)

178 — Innocent mischief, par C. Josi. In-fol. Belle épreuve.

Wheately (d'après F.)

179 — A un sou, mes deux poignées de primeroses, par L. Schiavonetti. Belle épreuve imprimée en couleurs; légères déchirures restaurées.

Whesshel.

180 — Diamond. — Hambletonian, chevaux de Courses, d'après Sartorous, 1799. Deux pièces. in-fol. Très belles épreuves avec marges.

Whistler (J. M.)

181 Femme accoudée à une fenêtre. — Femme à sa toilette. Deux pointes sèches. Belles épreuves.

182 — Académie de femme. — Petite fille en pied. Deux pointes sèches. Belles épreuves.

Wille (J. G.)

bis — Bonne femme de Normandie. — Bons Amis. — La Cuisinière hollandaise. — Gazettière hollandaise. Quatre pièces d'après Terburg, Ostade, Metzu et Wille fils. Très belles épreuves avec marges.

ter — Erlach (B^{on} d'), général. In-fol. Très belle et rare épreuve avec le texte en allemand.

ter (1)— Gouy (Elisabeth de), Femme d'Hyac. Rigaud. In-fol. Très belle épreuve.

Willette (A.)

183 — Le Journal, Exposition. Lithogr. in-fol. Très belle épreuve avant la lettre sur papier du Japon.

Recueils et Livres a gravures

184 — Anonyme. Traité de la composition et de l'ornement des Jardins, avec 161 planches. — Paris, Audot, 1839, 2 vol., in-8, non rog.

185 — Barthélemy et Méry. Napoléon en Egypte. — Waterloo, le Fils de l'Homme. — Paris, Perrotin, 1835. — 1 vol., broch. non rog. avec fig. de Raffet. — Némésis, 4e édition, Paris, Perrotin 1835, 2 vol., dem. rel. avec fig. de Raffet. Ensemble trois vol.

186 — Bordes (Auguste). Histoire des Monuments anciens et modernes de la ville de Bordeaux. — 2 vol., in-4°, Paris, 1845. Bel exemplaire orné de nombreuses planches par Rouargue.

187 — Fournel (V.). Paris et ses ruines en mai 1871, avec planches lith., par Cicéri, A. Adam, Sabatier et autres. — 1 vol., in-fol.; Paris et Nantes, Charpentier 1878, dem. rel. Bel exemplaire.

188 — Godefroy (F.). *Spectacle historique divisé par périodes de vingt-cinq ans...* planches gravées d'après les Médailles par F. Godefroy, avec des notes explicatives par Levesque. — Paris, chez l'Auteur, s. d. Recueil in-fol., contenant un titre orné et dix planches d'après Marillier et Monnet. Bel exempl., dem. rel.

189 — Huet (J.-B.). Œuvres de J.-B. Huet, 1er livre. Recueil contenant 98 sujets dans 36 planches. Bel exempl., in-fol., cart.

190 — Leprince, Renoux et autres. Vues de Provins, dessinées et lithographiées en 1822; avec un texte par M. D. (Du Sommerard), 1 vol., in-4°; Paris, Gide 1822. Bel exempl. cart. non rog., contenant 39 planches, y compris les tirages à part des culs-de-lampe.

191 — Lièvre (Edouard). Les collections célèbres d'œuvres d'art, 50 planches par Lièvre, texte par divers. Tome 1er, — 1 vol., in-fol., cart., non rog. Bel exemplaire.

192 — Menestrier (le P. C. F.). Histoire du Roy Louis le Grand par les Médailles, emblêmes, devises, jetons, inscriptions, Armoiries et autres Monuments Publics. — Paris, J.-B. Nolin 1693 (2e édition) — 1 vol., in-4° rel., anc., contenant le portrait de l'auteur, celui de Louis XIV, La vue de la Place des Victoires, l'Illumination des Galeries du Louvre et de nombreuses planches de médailles, armoiries, emblêmes, etc. Bel exemplaire.

193 — Pascal (Adrien). Histoire de l'Armée et de tous les régiments depuis les premiers temps de la monarchie française jusqu'à nos jours — 4 vol., in-8 et planches coloriées, d'après Philippoteaux, Bellangé et autres; Paris, A. Barbier 1847, dem. rel.

194 — Petit (Jacob). Vases ornés, Chandeliers, Brûles-parfums, Jardinières, Panneaux, Cheminées. Vingt-cinq planches in-fol. obl., sans aucunes lettres, en 1 vol., cart.

195 — Picart (Bernard). *Le Temple des Muses orné de LX tableaux..... dessinés et gravés par B. Picart le Romain et autres habiles Maîtres; et accompagnés d'explications...* Amsterdam, Z. Chatelain, 1749. In-fol. Bel exempl., rel. ancienne.

196 — Prisse d'Avesnes. La décoration Arabe, ornements extraits du grand ouvrage: L'Art Arabe, choisis et classés par les éditeurs — Paris, J. Savoy 1885. Cent-dix planches en noir et en couleurs en 1 vol. in-4°, dem. rel. Bel exemplaire.

197 — Vernet et Lami. Collection des uniformes des Armées françaises, de 1791 à 1814 et de 1814 à 1824 — 2 vol., in-8, contenant 148 lithographies coloriées; Paris, Gide et Lami-Denozan 1822-1825. Bel exempl., dem. rel. Rare.

Gravures en lots.

198 Sujets divers. Environ cent-cinquante pièces.

199 — Ecole Allemande. Dix-neuf pièces par Adegraver, Altdorfer, Beham, Hopfer, Lucas de Leyde, etc. Bonnes épreuves.

200 — Ecole Française. Vingt pièces d'après Boilly, Coypel, Drouais, Greuze, De Troy et autres. Bonnes épreuves.

201 — Ecole Française. Quatorze pièces d'après Boilly, Chardin, Freudeberg, Greuze, Saint-Aubin, Reynolds et autres. Epreuves anciennes mal conservées.

202 — Ecole Hollandaise. Quarante-deux pièces par Berghem, Ostade, Potter, Both, etc. Bonnes épreuves.

203 — Eaux-fortes modernes. Cinquante pièces par Bodmer, Rajon, Milius, Graverande, Valerio, Lalanne et autres. Belles épreuves, plusieurs avant la lettre.

204 — Eaux-fortes modernes. Cinquante pièces par Lewis-Brown, Jacquemart, Courtry, Flameng, Hédouin et autres. Belles épreuves, plusieurs avant la lettre.

205 — Portraits modernes français et étrangers. Trente pièces in-fol. par Hopwood, Baugniet, Laugier, Léon Noël et autres. Belles épreuves.

206 — Estampes sur la Chasse, les Courses, les Voitures. Quarante-huit pièces anciennes et modernes.

207 — Caricatures politiques et militaires. Cinquante pièces, un certain nombre coloriées.

208 — Œuvres de Bernard Palissy. Cinquante-huit lithographies en bistre et en couleurs. Très belles épreuves.

209 — Sujets divers et Portraits. Soixante eaux fortes par Appian, Courtry, Gaujean, Masson, Toussaint, etc. Très belles épreuves, la plupart avant la lettre.

210 — Vues de Normandie. Soixante et une lithographies pour l'ouvrage du Bon Taylor. Très belles épreuves.

211 — Sujets et paysages, caricatures. Cent-quatre lithographies.

212 — Titres de Romances. Deux cents quatre-vingt pièces par Gerlier, Barbizet, Célestin, Nanteuil. Belles épreuves, un certain nombre avant la lettre, sur chine.

213 — Sous ce numéro, il sera vendu, par lots, environ trois mille pièces anciennes et modernes.

www.ingramcontent.com/pod-product-compliance
Ingram Content Group UK Ltd.
Pitfield, Milton Keynes, MK11 3LW, UK
UKHW021044260726
13994UKWH00005B/2348